www.ingramcontent.com/pod-product-compliance
Lightning Source LLC
LaVergne TN
LVHW021240080526
838199LV00088B/5437
9789358728705

ہزار بات کی اک بات

(بچوں کی نظمیں)

مصنف:
رؤف خیرؔ

© Taemeer Publications LLC
Hazaar baat ki ek Baat (Kids poems)
by: Raoof Khair
Edition: December '2023
Publisher :
Taemeer Publications LLC (Michigan, USA / Hyderabad, India)

ISBN 978-93-5872-870-5

مصنف یا ناشر کی پیشگی اجازت کے بغیر اس کتاب کا کوئی بھی حصہ کسی بھی شکل میں بشمول ویب سائٹ پر اَپ لوڈنگ کے لیے استعمال نہ کیا جائے۔ نیز اس کتاب پر کسی بھی قسم کے تنازع کو نمٹانے کا اختیار صرف حیدرآباد (تلنگانہ) کی عدلیہ کو ہو گا۔

© تعمیر پبلی کیشنز

کتاب	:	**ہزار بات کی اک بات** (بچوں کی نظمیں)
مصنف	:	**رؤف خیرؔ**
صنف	:	ادب اطفال
ناشر	:	تعمیر پبلی کیشنز (حیدرآباد، انڈیا)
سالِ اشاعت	:	۲۰۲۳ء
صفحات	:	۲۴
سرورق ڈیزائن	:	تعمیر ویب ڈیزائن

فہرست

(۱)	آج کا کام کل پہ مت ٹالو	6
(۲)	چھٹیاں ختم ہو گئیں آخر	9
(۳)	چھٹیاں	11
(۴)	دل میں امنگ رکھ	12
(۵)	اپنے ماں باپ کے سامنے اُف نہ کر	13
(۶)	ہزار بات کی اک بات	14
(۷)	جنگ آزادی	16
(۸)	ماں باپ	18
(۹)	چلو اچھا ہوا گرمی سدھاری	19
(۱۰)	کھلے کیا مدرسے	20
(۱۱)	کس کی ہے یہ کارستانی؟	21
(۱۲)	عید	22

(۱) آج کا کام کل پہ مت ٹالو

کام کوئی اٹھا نہ رکھتا ہے
زندگانی کا کیا بھروسہ ہے
کل بتاؤ تو کس نے دیکھا ہے
فیصلہ لو تو کوئی اچھا لو
جو بھی کرنا ہے آج کر ڈالو
آج کا کام کل پہ مت ٹالو

پھر یہ فرصت رہے رہے نہ رہے
پھر یہ حالت رہے رہے نہ رہے
پھر یہ ہمت رہے رہے نہ رہے
اے نئی زندگی کے متوالو
جو بھی کرنا ہے آج کر ڈالو
آج کا کام کل پہ مت ٹالو

مجھ کو یہ قول ہے بہت بھاتا
اصل میں کل کبھی نہیں آتا
میری مانو تو کھول دو کھاتہ

کوئی اندیشہ دل میں مت پالو
جو بھی کرنا ہے آج کر ڈالو
آج کا کام کل پہ مت ڈالو

کام چھوٹا کوئی نہیں ہوتا
کاٹتا ہے وہی جو ہے بوتا
کر کے بے کاریوں سے سمجھوتا
جھوٹے خوابوں سے دل نہ بہلا لو
جو بھی کرنا ہے آج کر ڈالو
آج کا کام کل پہ مت ٹالو

کاہلی گھر اجاڑ دیتی ہے
جیتی بازی بگاڑ دیتی ہے
ہاتھیوں کو پچھاڑ دیتی ہے
ایک چیونٹی سے درس اتنا لو
جو بھی کرنا ہے آج کر ڈالو
آج کا کام کل پہ مت ٹالو

یاد یہ بات کام کی رکھو
کاہلوں سے نہ دوستی رکھو
جاہلوں سے نہ ربط ہی رکھو

ان سے کہنا کہ جاؤ رستہ لو
جو بھی کرنا ہے آج کر ڈالو
آج کا کام کل پہ مت ٹالو

(۲) چھٹیاں ختم ہو گئیں آخر

چھٹیاں ختم ہو گئیں آخر
پھر وہی مدرسہ وہی پھر ہم
پھر قلم کاپیاں کتابیں پھر
پھر وہی سلسلہ وہی پھر ہم

پھر وہی بوجھ پیٹھ پر بھاری
پھر وہی بس ہے پھر وہی بستے
پھر وہی انتظار کی صورت
پھر وہی منزلیں وہی راستے

پھر وہی والدین کی الجھن
پھر وہی ٹیچروں کی استادی
پھر وہی دھوپ پھر بدن مومی
پھر چنے سامنے ہیں فولادی

چھٹیوں میں یہ بھول بیٹھے تھے
اور بھی امتحان ہے آگے

زندگی کھیل کا نہیں میدان
اور بھی اک جہان ہے آگے

(۳) چھٹیاں

یہ چھٹیوں کا دور بھی کیسا عجیب تھا
کیسے گزر گیا، یہ پتہ ہی نہیں چلا
راتیں بڑی حسین تھیں ٹی وی کی نذر تھیں
اور دن تمام کھیل کے میدان میں کٹا
اپنی خوشی سے چین سے سوتے تھے رات کو
یہ اور بات وقت پہ کھاتے نہیں تھے ہم
مرضی سے جی رہے تھے بلا روک ٹوک ہی
سچ ہے کہ روز روز نہاتے نہیں تھے ہم
یہ بھی ہوا کہ ڈانٹ پڑی والدین کی
بھائی خفا ہوا تو بہن روٹھ بھی گئی
دشمن قریب آ گئے، کچھ دوست کھل گئے
یوں دوستوں کی دوستی کچھ چھوٹ بھی گئی
اب مدرسے نے یاد دلایا کہ رات دن
ہوتے نہیں ہیں رائگاں کرنے کے واسطے
ہر ہر قدم پہ خیرؔ ہزار امتحان ہیں
اچھا ہوا کہ گرنے سے پہلے سنبھل گئے

(۴) دل میں امنگ رکھ

بننا اگر بڑا ہے بڑوں کی طرح سے جی
نرمی برتنا اپنے سے چھوٹوں کے ساتھ بھی
اچھے پنپنے جینے کے سب رنگ ڈھنگ رکھ
دل میں امنگ رکھ

اپنی زمیں سے اٹھ کے سمندر کو پار کر
بستی ہے کیسی دیکھ پہاڑوں کے بھی اُدھر
دنیا کو اپنی قوتِ بازو پہ دنگ رکھ
دل میں امنگ رکھ

جی کر دکھا دے لاکھ مخالف ہوا سہی
ہمت نہ ہارنے سے ہی پہچان ہے تری
مضبوط ڈور اور سلامت پتنگ رکھ
دل میں امنگ رکھ

ڈرتے نہیں ہیں صاحبِ کردار موت سے
کر نیک کام ہر کس و ناکس کے واسطے
رکھ دل کشادہ، ذہن بھی اپنا نہ تنگ رکھ
دل میں امنگ رکھ

(۵) اپنے ماں باپ کے سامنے اُف نہ کر

دیکھ ماں باپ سے بڑھ کے کوئی نہیں
تیری ہر چیز ان کی ہے تیری نہیں
جان بھی مانگ لیں تو تکلف نہ کر
اپنے ماں باپ کے سامنے اُف نہ کر
تیرے دکھ سکھ پہ خود کو فدا کر دیا
تیرے ماں باپ نے کیا سے کیا کر دیا
ان کا حق دینے میں اب توقف نہ کر
اپنے ماں باپ کے سامنے اُف نہ کر
پوچھ ان سے جنھیں یہ سہولت نہیں
جن کی تقدیر میں ان کی خدمت نہیں
بعد کھونے کے ان کو تاسف نہ کر
اپنے ماں باپ کے سامنے اُف نہ کر

(٦) ہزار بات کی اک بات

تمھارے چہرے پہ کچھ گرد ماہ و سال کہاں
تمھارے شیشۂ صدق و صفا میں بال کہاں
تم آج تک بھی سلامت ہو حرفِ روشن میں
افق پہ ابھرا ہے ثانی الہلال کہاں

تم آپ اپنے مقابل حریف اپنے تھے
تمھارے سامنے منہ کون کھول سکتا تھا
خمیر جس کا اٹھا ہو عرب کی مٹی سے
اب اس کے آگے عجم کیسے بول سکتا تھا

بزرگ تم کو سمجھتے رہے بزرگ اپنا
چہار سمت تمہارے قلم کا چرچا تھا
تمھاری بات مدلل ، تمھاری فکر صحیح
تمھارے سامنے کب عذر لنگ ٹکتا تھا

تمھارے ہاتھ میں آ کر کتاب نازاں تھی
تمھارے ہاتھ میں آ کر قلم، قلم ٹھیرا
تمھارے ہاتھ پہ اہلِ نظر نے بیعت کی

تمھارا قول ہی جن کے لیے قسم ٹھیرا

ادب ہو، دین و سیاست ہو یا صحافت ہو
تمھارے ذات سے وابستگی پہ نازاں ہے
تمھارے دم سے قیادت کو اعتبار ملا
تمھاری خوش نظری خوش روی پہ نازاں ہے

تمھارے نام سے منسوب ہو کہ زندہ ہے
وہ تذکرہ ہو کسی کا کبیر ہو کہ صغیر
غبارِ خاطرِ آزاد ، قولِ فیصل ہے
وہ معترف ہے تمھارا امیر ہو کہ فقیر

انانیت کی قبا تم نے چاک کر ڈالی
تمھارے کام سے اپنے ہی خوش نہ بیگانے
تمھارے نام سے گورے ہی خوش نہ خوش کالے
دوانے خود کو سمجھتے رہے ہیں فرزانے

مرا خیال یہی ہے ابوالکلام آزاد
تمھارا قامتِ فکری بلند و بالا ہے
ہزار بات کی اک بات عرض کرتا ہوں
تمھارا نام بہ ہر اعتبار اعلیٰ ہے

(۷) جنگ آزادی

(تب سے اب تک)

چاپلوسی کی روایت نہیں رکھتے ہم لوگ
سال ہا سال سے انصاف کے طالب ہم ہیں
مخبری یاروں کی کرتے نہیں آقاؤں سے
دامن شاہ کی زینتؔ ہیں نہ غالبؔ ہم ہیں
وہ لیاقتؔ ہوں کہ یحییٰ ہوں کہ صادق علماء
سیدِ قومِ شہید اور شہید اسمٰعیلؒ
نام کے خانوں سے بد باطنی سرداروں سے
جان کھوتے رہے قابیل کے ہاتھوں ہابیل
کانپوری وہ عزیزنؔ ہو کہ بیگم حضرت
لکشمی گھر کی دل و ذہن کی رانی جھانسی
سانس آزادی سے لینے کی تمنا جب کی
بے گھری ان کے مقدر میں رہی یا پھانسی
بیج اس خاک میں آزادی کا بویا ہم نے
بار آور جو ہوا ہے تو شجر ہے سب کا
پھول پتے تو سبھی کھا گئے شاکا ہاری

گوشت خوروں نے اسے بانٹ لیا ہے کب کا
حاکمیت کا سزاوار فقط اک حق ہے
مردِ مومن کبھی محکوم نہیں رہ سکتا
سر کبھی ظلم کے آگے نہ جھکا ہے نہ جھکے
وہ جو ظالم نہ ہو مظلوم نہیں رہ سکتا

(۸) ماں باپ

وہ خود نہیں کھاتے تھے نہ کھاتے تھے اگر تم
وہ جاگتے رہتے تھے ستاتے تھے اگر تم
ہنس پڑتے وہ غصہ بھی دلاتے تھے اگر تم
دشمن کے لیے پیکر فولاد بنو تم
ماں باپ کریں ناز وہ اولاد بنو تم

مومن ہو تو ایمان کی توہین نہ کرنا
قاری ہو تو قرآن کی توہین نہ کرنا
انساں ہو تو انساں کی توہین نہ کرنا
آنکھیں نہ دکھاؤ کبھی اُف بھی نہ کہو تم
ماں باپ کریں ناز وہ اولاد بنو تم

تعظیم سے ماں باپ کی منہ موڑنے والے
بے یارو مددگار انھیں چھوڑنے والے
برباد ہیں ماں باپ کا دل توڑنے والے
رستے پہ تباہی کے خدارا نہ چلو تم
ماں باپ کریں ناز وہ اولاد بنو تم

(۹) چلو اچھا ہوا گرمی سدھاری

چلو اچھا ہوا گرمی سدھاری
ہوئی ہے ہلکی ہلکی بوندا باندی
بہت دن رات تھی شدت کی گرمی
چلو اب آئی کچھ موسم میں نرمی
پسینے سے ہماری جان چھوٹی
چلو اچھا ہوا گرمی سدھاری

وہ دیکھو کیسا بادل چھا رہا ہے
مزہ اب بھیگنے میں آ رہا ہے
خوشی سے جھومتی ہے ڈالی ڈالی
چلو اچھا ہوا گرمی سدھاری

کوئی موسم ہو آفت ہو نہ جائے
کسی کے حق میں زحمت ہو نہ جائے
گزارش ہے یہی مولا ہماری
چلو اچھا ہوا گرمی سدھاری

(۱۰) کھلے کیا مدرسے

جدھر دیکھو اُدھر بستے ہی بستے
کھلے کیا مدرسے ،ہیں بند رستے
سکوٹر، آٹوؤں، کاروں میں بچے
سبھی گلیوں میں بازاروں میں بچے
اٹھائے پیٹھ اور کندھے پہ بستے
وہ دیکھو جا رہے ہیں گھر سے بچے
سبھی اسکول کی جانب رواں ہیں
رواں کالج کی جانب نوجواں ہیں
جنھیں پڑھنا ہے جو کچھ پڑھ رہے ہیں
قدم منزل بہ منزل بڑھ رہے ہیں
کشادہ علم و فن کے راستے ہیں
مزے سارے انھی کے واسطے ہیں
سفر کے بیچ تھک جانا نہیں ہے
کہیں رستہ بھٹک جانا نہیں ہے
چلے ہیں گھر سے لے کر ایک مقصد
یقیناً پار کر لیں گے وہ ہر حد

(۱۱) کس کی ہے یہ کارستانی؟

دیواروں پر اے بی سی ڈی کس نے لکھ دی ہے ؟
یہ نادانی آنفؔ کی ہے یا آنسؔ کی ہے ؟
یہ دانشؔ کی ہے!

خاصی میری کاپی کس نے پھاڑی ہے ؟
کس کی ہے یہ کارستانی کیا عارجؔ کی ہے ؟
یہ انصاریؔ ہے!

تین پہیوں کی سیکل اب دو کی ٹھیری ہے
اب میں سمجھا اس کے پیچھے عبدالہادیؔ ہے!
عبداللہؔ بھی ہے!

میری کرسی اتنی گیلی کس نے کر دی ہے ؟
اچھا تو کیا عبد المومنؔ کی شیطانی ہے ؟
جیلانیؔ کی ہے!

کمپیوٹر میں فلم کی سی ڈی کس نے یہ ڈالی ؟
اچھا تو یہ ہشیاری ہے ہاتف خیریؔ کی؟
رافف خیریؔ کی!

(۱۲) عید

لاتا ہے چاند سحری و افطار کی خوشی
پھر چاند دیکھ کر ہی مناتے ہیں عید بھی

کیا اس کی عید جس نے کہ روزے رکھے تمام ؟
کرتا رہا ہے ہر کس و ناکس کو جو سلام ؟

جو روزہ دار پڑھتا تھا اللہ کا کلام ؟
جس نے کیا تھا صدقہ و فطرہ کا اہتمام ؟

جس نے پڑھی نمازِ تراویح رات کی ؟
جو ساڑیاں بھی بانٹ رہا تھا زکات کی ؟

کیا اس کی عید جس نے کیا اعتکاف بھی ؟
کروا رہا تھا اپنی خطائیں معاف بھی ؟

ہمجولیوں کو بھاتی ہے ہمجولیوں کی دید
نازک حنائی ہاتھوں اور چوڑیوں کی عید؟

کیا یہ نئے لباس کی، جوتوں کی عید ہے ؟
کیا صرف شیر خرما سیویّوں کی عید ہے ؟

کیا عید گاہ میں یہ عبادت کی عید ہے؟
کیا یہ معانقے کی اخوت کی عید ہے؟

کیا آج روزہ داروں کی اجرت کی عید ہے؟
اربابِ معرفت کی شریعت کی عید ہے؟

بیواؤں بے کسوں کی، یتیموں کی بھی تو ہے
یہ عید مفلسوں کی، غریبوں کی بھی تو ہے

یہ عید تو نہیں ہے فقط عطر پان کی
آئے جو وقت کھیلنا بازی بھی جان کی

کہنے کو عید ہوتی ہے یوں تو سبھی کی عید
ہے جس کے دل میں خوف الٰہی، اسی کی عید

✹ ✹ ✹

بچوں کے لیے ایک دلچسپ سوانحی کہانی

سردار جعفری

مصنفہ : رفیعہ شبنم عابدی

بین الاقوامی ایڈیشن منظر عام پر آچکا ہے